BEI GRIN MACHT SICH II
WISSEN BEZAHLT

Bibliografische Information der Deutschen Nationalbibliothek:

Die Deutsche Bibliothek verzeichnet diese Publikation in der Deutschen National-
bibliografie; detaillierte bibliografische Daten sind im Internet über http://dnb.d-
nb.de/ abrufbar.

Impressum:

Copyright © 2017 GRIN Verlag, Open Publishing GmbH
Druck und Bindung: Books on Demand GmbH, Norderstedt Germany
ISBN: 9783668559202

Dieses Buch bei GRIN:

http://www.grin.com/de/e-book/378662/intrinsische-motivation-am-arbeitsplatz

Ellena Danzig

Intrinsische Motivation am Arbeitsplatz

GRIN Verlag

GRIN - Your knowledge has value

Der GRIN Verlag publiziert seit 1998 wissenschaftliche Arbeiten von Studenten, Hochschullehrern und anderen Akademikern als eBook und gedrucktes Buch. Die Verlagswebsite www.grin.com ist die ideale Plattform zur Veröffentlichung von Hausarbeiten, Abschlussarbeiten, wissenschaftlichen Aufsätzen, Dissertationen und Fachbüchern.

Besuchen Sie uns im Internet:

http://www.grin.com/

http://www.facebook.com/grincom

http://www.twitter.com/grin_com

Leibniz Universität Hannover

MA Bildungswissenschaften

Institut für Berufspädagogik und Erwachsenenbildung

Abteilung Berufspädagogik

Seminar: Konzeptionen beruflicher Lehr- und Lernprozesse und ihre aktuellen Herausforderungen

Modul BP1: Voraussetzungen und Bedingungen beruflichen Lernens und Lehrens

Prüfungsleistung

Intrinsische Motivation am Arbeitsplatz

Autorin: Ellena Danzig

Fachsemester: 5

Angestrebter Abschluss: Master

Abgabedatum: 12. Oktober 2017

Inhaltsverzeichnis

1 Einleitung

Motivation gilt als Einflussfaktor für Zufriedenheit und Produktivität der Mitarbeiter[1]. Sie ergibt sich, wenn die Bedürfnisse des Menschen und entsprechende organisationale Strukturen aufeinandertreffen (vgl. Miebach 2017, S. 51). Durch Anpassungen von Arbeitsplatz und Aufgabengestaltung an psychologische und physiologische Mitarbeiterbedürfnisse steigt der motivationale Faktor der Tätigkeit. Dies ergibt sich aus einer repräsentativen Umfrage unter mehr als 18.000 deutschen Arbeitnehmern zum Thema Arbeitsmotivation, mit dem Ergebnis: *„Mitarbeiter sind käuflich, ihre Motivation nicht"* (Hay Group 2012, o.S.).

Betrachtet man klassische Theorien der Arbeitspsychologie, wird erkennbar, dass ein Zusammenhang zwischen Motivation und produktiver, effektiver Arbeit angenommen wird (vgl. Offe/ Stadler 1980, S.2). Vor allem durch die Förderung der intrinsischen Motivation, welche das langfristige Interesse an der Arbeit aus sich selbst heraus generiert, wird die Arbeitsproduktivität gesteigert (vgl. Dehnbostel/ Elsholz 2007, S.35ff). Dieser theoretische Zusammenhang von intrinsischer Motivation und Produktivität, dessen sich Vorgesetzte bewusst sein müssen, um eine hohe Qualität in der Arbeitsgestaltung zu generieren, kann als Basis für konkrete Aufgabengestaltungen und Handlungsempfehlungen dienen. Somit ergibt sich die Fragestellung:

Was gilt es im Hinblick auf die intrinsisch-motivationale Gestaltung am Arbeitsplatz zu berücksichtigen, um ein hohes Leistungsniveau der Mitarbeiter zu generieren?

Um diese Fragestellung bearbeiten zu können, werden in Kapitel 2 zunächst grundlegende motivationspsychologische Theorien dargelegt, welche die Basis von Umsetzungsempfehlungen am Arbeitsplatz bilden. Diese Ableitungen in die Praxis werden anschließend auf Arbeitsplatzgestaltung und Aufgabengestaltung praxisorientiert konkretisiert. Kapitel 3 beleuchtet die Umsetzungsvorschläge im Hinblick auf die Grenzen betrieblicher Strukturen und weist Erfolgsfaktoren motivationaler Faktoren im Unternehmen auf. Im Fazit werden die Ergebnisse konkret zusammengefasst. Abschließend wird ein Ausblick gegeben.

---

[1] Mit der Bezeichnung „Mitarbeiter" sind in dieser Arbeit ausdrücklich weibliche Mitarbeiterinnen und männliche Mitarbeiter gemeint. Zum Zweck des besseren Leseflusses wird sich auf die Bezeichnung „Mitarbeiter" beschränkt.

2 Motivationale Theorien am Arbeitsplatz

Um zu verstehen, welche Maßnahmen am Arbeitsplatz eingesetzt werden können, um die motivationalen und lernförderlichen Komponenten der Tätigkeit zu steigern, ist es notwendig, begriffliche Abgrenzungen und theoretische Grundstrukturen darzustellen. Kapitel 2 soll ein Verständnis des verwendeten Motivationsbegriffs nach fachlicher Definition generieren, um danach Theorien betreffend der arbeitsrelevanten Grundbedürfnisse darzustellen. Anschließend werden Bezüge zu arbeitsplatzrelevanten Faktoren hergestellt und jeweils nach Chancen und Grenzen diskutiert.

2.1 Begriffliche Abgrenzung von Motiven und Motivation

Sowohl der Begriff Motiv, als auch die Bezeichnung Motivation haben ihren Wortursprung im lateinischen. *Movere* heißt bewegen und steht somit für die Antriebe, die uns in Bewegung setzen (vgl. Rudolph 2013, S.14). Damit Motivation generiert werden kann, geht die psychologische Forschung von Motiven aus, die als *„organismusseitiges Bestimmungsstück der Motivation"* (Puca 2014, S.1124) gelten, und somit die innere Ursache des Verhaltens bilden. Sowohl die Motive des Menschen, als auch die Prozesse seiner Motivation zu verstehen, ist relevant, um die folgenden Theorien praktisch nachvollziehen zu können.

Primäre und sekundäre Motive

Motive sind nach psychologischer Definition *„latente Bewegungsdispositionen für Ziele und für Situationsmerkmale, die eine Zielerreichung oder eine Zielverfehlung erwarten lassen"* (Puca 2014, S.1124). Sie lassen sich in zwei Kriterien kategorisieren:

Primäre oder biogene Motive beruhen auf physiologischen Vorgängen, wie Nahrungs- und Kältevermeidungsmotive. Diese Motive sind angeboren und haben einen genetischen Ursprung. Im Laufe des Tages können sie in ihrer Ausprägung variieren.

Zu den **sekundären oder soziogenen Motiven** zählen Antriebe, wie Leistung, Macht und Neugier. Diese gehen stärker auf die psychologischen Prozesse des Menschen zurück. Vor allem die soziale Komponente des Anschlussmotivs als ein Bedürfnis nach positiven sozialen Beziehungen gilt als zentral.

Motive werden durch thematisch entsprechende Reize in der Umwelt angeregt. Folglich wird eine Motivation generiert, dem Reiz nachzugeben oder zu meiden (vgl. Puca 2014, S. 1124). Diese Faktoren bilden die Basis für weiterführende motivationspsychologische Theorien.

Extrinsische und intrinsische Motivation

Motivation ist ein viel verwendeter Sammelbegriff für mehrere Prozesse. Diese bewirken, dass der Mensch sein Verhalten hinsichtlich Richtung, Energieaufwand und dem zu erwartenden Folgen auswählt und steuert. Besondere Anwendung findet der Begriff in der Disziplin des psychologisch-pädagogischen Bereichs, dessen Definition besagt:

„Motivation bezeichnet Prozesse, bei denen bestimmte Motive aktiviert und in Handlungen umgesetzt werden. Dadurch erhält Verhalten eine Richtung auf ein Ziel, eine Intensitätsstärke und eine Ablaufform." (Linz 2017, o.S.).

In der Forschung zu motivationalen Prozessen wird zwischen zwei Ausprägungen handlungsleitender Motivation unterschieden. Demnach wird der Mensch in seinen Entscheidungs- und Handlungsprozessen von extrinsischer und/ oder intrinsischer Motivation beeinflusst (vgl. Schlicht 2014, S. 48).

Extrinsische Motivation resultiert aus Anreizsystemen zur Leistungserfüllung. Hierbei müssen das Mittel (Handlung) und der Zweck (Handlungsziel) thematisch nicht miteinander zusammenhängen. Durch das vereinfachte System von „Belohnung" und „Bestrafung" für bestimmte Handlungen werden eine „positive" oder „negative Verstärkung" der Handlung und somit kurzfristige Motivationsschübe erzielt. Extrinsisch motivierte Verhaltensweisen werden für gewöhnlich nicht spontan durchgeführt, sondern folgen einer instrumentellen Absicht (vgl. Deci/ Ryan 1993, S. 225). Gewöhnungseffekte, welche durch extrinsisch motivierende Maßnahmen ausgelöst werden, fordern jedoch eine stetig steigende „Belohnung" ein, um das gleiche Motivationslevel zu erhalten. (vgl. Linz 2017, o.S.).

Am Arbeitsplatz kann extrinsische Motivation beispielsweise durch die Kopplung von Belohnungen an überprüfbare Arbeitsergebnisse generiert werden. Diese steht in dieser Arbeit jedoch nicht im Mittelpunkt, da es ratsam ist, den Fokus auf die intrinsische Motivation der Mitarbeiter zu legen (vgl. Miebach 2017, S.24f).

Intrinsische Motivation folgt interessensbestimmten Faktoren und braucht „*keine externen oder intrapsychischen Anstöße, Versprechungen oder Drohungen*" (Deci/ Ryan 1993, S. 225) zur Aufrechterhaltung der Handlung. Die Antriebe intrinsischer Motivation sind kognitive Neugier, emotionaler Anreiz und die Wahrscheinlichkeit einer positiven Erfolgserwartung (vgl. Linz 2017).

Intrinsische Motivation ist somit nachhaltiger und langfristiger als extrinsische Motivation, denn sie beschreibt „*warum Personen frei von äußerem Druck und inneren Zwängen nach einer Tätigkeit streben, in der sie engagiert tun können, was sie interessiert*" (Deci/ Ryan 1993, S. 226). Daher wird intrinsische Motivation in dieser Arbeit vorwiegend thematisiert.

2.2 Die Maslowsche' Bedürfnispyramide

Eine theoretische Grundlage der Thematik fundiert in der Motivationspsychologie. Zentral in dem Bereich der Motivation von Mitarbeitern am Arbeitsplatz ist die *Maslowsche' Bedürfnispyramide* (1954). In dieser wird hierarchisch beschrieben, welche Grundbedürfnisse und Motivatoren den Menschen antreiben und motivieren, beginnend von den physiologischen Grundbedürfnissen, bis hin zum Streben nach Selbstverwirklichung. Im Zuge der motivationalen Faktoren am Arbeitsplatz bezüglich der Arbeitsbedingungen ist es im unternehmerischen Bereich sinnvoll, die Theorie der Maslowschen Bedürfnispyramide heranzuziehen (vgl. Bullinger 1996, S. 40). Vor allem in der Berufspädagogik ist es lohnenswert, den Arbeitsplatz der Mitarbeiter im Hinblick auf die Erfüllung der Bedürfnisebenen zu beachten (vgl. Beicht/ Krekel/ Walden 2014, S. 6). Im Folgenden wird die Theorie dargelegt und in einzelnen Stufen praxisorientiert angereichert.

Die Stufen der Pyramide

Die Bedürfnispyramide nach Maslow gliedert sich hierarchisch in fünf Stufen. Mangelbedürfnisse einer niedrigeren Stufe müssen bis zu einem gewissen Grad erfüllt sein, damit die nächste Bedürfnisebene dominant wird. Die unteren vier Stufen werden als sogenannte Defizitbedürfnisse bezeichnet. Die Erfüllung dieser hat die Konzentration auf die nächsthöhere Ebene zur Folge. Nur die letzte Stufe der Selbstverwirklichung gilt als Wachstumsbedürfnis und ist somit niemals voll befriedigt (vgl. Bullinger 1996, S. 40f).

Die Stufen können auf Bedürfnisse von Mitarbeitern am Arbeitsplatz übertragen werden, um wertvolle Erkenntnisse zur motivationalen Arbeitsplatzgestaltung zu gewinnen (vgl. Beicht/ Krekel/ Walden 2014, S. 6). Maslow bildet in seiner Theorie fünf Motivklassen (vgl. Maslow 1954, S. 15ff):

Abb 6.1 Maslowsche Bedürfnispyramide (Bullinger 1996, eigene Darstellung)

Als Basisebene sieht Maslow die fundamentalen **physiologischen Grundbedürfnisse** des Menschen und beschreibt hierbei die elementaren Faktoren wie Essen, Trinken, Schlafen oder körperliches Wohlbefinden. Dies kann am Arbeitsplatz durch sinnvoll geregelte Arbeitszeiten, ergonomische Arbeitsplatzgestaltung, Verpflegungsmöglichkeiten und genügend Pausen unterstützt werden. Jedoch hat der Arbeitgeber auf die Bedürfnisbefriedigung, die auch im Alltag stattfinden muss, kaum Einfluss, da Faktoren wie Schlafpensum und physiologisches Wohlbefinden primär in der Selbstverantwortung der Mitarbeiter angesiedelt sind.

In der zweiten Ebene wird das **Sicherheitsbedürfnis** des Menschen herausgestellt. Sind die physiologischen Grundbedürfnisse der ersten Ebene ausreichend erfüllt, wird das Streben nach einem sicheren Umfeld zentral. Die psychologischen Bedürfnisse nach Schutz, Angstfreiheit, Behaglichkeit und Ordnung sind hier anzusiedeln. Das zweite Grundbedürfnis nach Sicherheit ist im Kontext des Arbeitsplatzes besonders relevant. Hierbei handelt es sich um das Streben nach einem sicheren Arbeitsplatz, langfristigen Arbeitsverträgen, Versicherungsschutz, Altersvorsorge und eine ausreichende Entlohnung. Insbesonders Defizite in dieser Stufe können zu Demotivation der Mitarbeiter führen, da diese Stufe stärker vom Arbeitgeber beeinflusst werden kann als beispielsweise die Basisebene.

Die dritte Ebene der Pyramide setzt **soziale Motive** in den Vordergrund. Das Streben nach Zugehörigkeit und Anerkennung beeinflusst Menschen besonders stark im Unterbewusstsein und berührt vorrangig die emotionale Ebene. In dieser ist der Mensch motiviert, sich seinen Platz in der sozialen Gruppe zu sichern. Auch auf der dritten Ebene der sozialen Motive können betriebliche Strukturen einflussreich agieren. Um die Sozialbedürfnisse der Mitarbeiter zu befriedigen, empfiehlt es sich, als Vorgesetzter auf ein angenehmes Betriebsklima Wert zu legen. Durch Teamarbeiten und gemeinsame Veranstaltungen können Befriedigungen im Bereich der sozialen Motive erreicht werden.

Ebene vier der Bedürfnispyramide hat das **Ich-Bedürfnis** des Individuums im Fokus. Hier können zwei Unterkategorien unterschieden werden. Zum einen resultiert das Ich-Bedürfnis aus dem Bestreben nach Ansehen, Wertschätzung und Prestige und bildet so eine passive Komponente zur menschlichen Selbstachtung. Zum anderen siedelt sich hier das Bedürfnis des Menschen nach mentaler und physiologischer Stärke, Unabhängigkeit und Freiheit an. Vor allem das Ich-Bedürfnis ist für viele Mitarbeiter ein zentraler Antriebsfaktor für produktive Arbeit. Befriedigt werden die Bedürfnisse der vierten Stufe beispielsweise durch Lob durch den Vorgesetzten, Mitspracherecht im Betrieb und öffentliche Anerkennung. Durch diese Faktoren werden das Erleben von Wertschätzung und Status zentral.

Als oberste und fünfte Ebene der menschlichen Bedürfnisse nach Maslow steht das Streben nach **Selbstverwirklichung** zur Ausschöpfung des persönlichen Potentials. In welcher Form sich dieses Potential letztendlich ausdrückt, ist individuell.. Dieses Bedürfnis findet am Arbeitsplatz weitestgehend Befriedigung durch Handlungs- und Entscheidungsspielräume sowie Weiterbildungs- und Karrierechancen durch individuelle Förderung durch den Vorgesetzten. Nach Maslow kann diese Ebene jedoch nie vollständig befriedigt werden (vgl. Comelli/ Rosenstiel/ Nerdinger 2009, S.14).

Grenzen und Chancen der Theorie in der praktischen Umsetzung

Studien (vgl. Gebert/ Rosenstiel 2002, S. 48) zufolge lassen sich die Stufen der Bedürfnispyramide nicht trennscharf voneinander abgrenzen. Zudem werden wesentliche motivationale Faktoren wie beispielsweise Leistungs- und Erfolgserleben und Machtbedürfnisse nicht berücksichtig. Die Hierarchie der Motive ist somit nicht voll bestätigt. Vor allem Aspekte in den Bereichen Sicherheit und

Selbstverwirklichung können je nach Alter/ Lebensabschnitt oder kultureller Prägung vom Modell abweichen.

Maslow konzipierte die Bedürfnispyramide jedoch nicht als Problemlösungsmodell, sondern eher als grobes Konstrukt das individuell angepasst werden muss um wirksam zu werden. Daher sollte es sollte sie *„lediglich als umfassende Struktur der menschlichen Ideale verstanden werden"* (vgl. Stangl 2017, o.S.). Dennoch können anhand der Theorie praxisbezogene Ideen für Anreize an Mitarbeiter entwickelt werden. Die Bedürfnispyramide nach Maslow zu verstehen, bedeutet, besser auf seine Mitarbeiter eingehen zu können, um einen Anstieg an Produktivität zu erleben.

2.3 Selbstbestimmungstheorie nach Deci & Ryan

Betrachtet man zudem die *Selbstbestimmungstheorie der Motivation* von Deci und Ryan (1985), werden weitere motivierende Erfolgsfaktoren im Hinblick auf Arbeits- und Lernprozesse zentral:

„Intrinsisch motivierte Verhaltensweisen sind in erster Linie mit den Bedürfnissen nach Kompetenz und Selbstbestimmung verbunden" (Deci/ Ryan 1993, S. 229).

Das zugrundeliegende Konzept der angeborenen psychologischen Grundbedürfnisse des Menschen beschreibt das Bestreben des Individuums handlungswirksam, kompetent, autonom und selbstbestimmt zu sein. Die Befriedigung dieser Bedürfnisse gilt als Basis für eine optimale Entwicklung und Wohlbefinden des Menschen in allen Lebensbereichen (Deci/ Ryan 2000, S. 229). Diese Faktoren lassen sich im Hinblick auf die Gestaltung der Arbeitsaufgaben berücksichtigen.

Motivationspotentiale von Arbeitsaufgaben gelten als Qualitätsmerkmal eines Arbeitsplatzes. Sie stellen ein betriebliches Gestaltungsziel dar und wirken unterstützend hinsichtlich sozialer Integration und persönlicher Entfaltung (vgl. Rausch/ Schley 2015, S.10). Arbeitsaufgaben fungieren als *„Schnittpunkt zwischen Organisation und Individuum"* (ebd., S.11) und sind somit motivations- psychologisch von hoher Bedeutsamkeit. Im Folgenden sollen auf Basis der theoretischen Rahmung motivationsförderliche Merkmale der Aufgabengestaltung anhand des konstruierten Beispiels in Verbindung mit Komponenten der Selbstbestimmungstheorie nach Deci und Ryan (vgl. Rausch/ Schley 2015, S. 10ff) dargestellt werden.

Die psychologischen Grundbedürfnisse

Anhand der Selbstbestimmungstheorie von Deci und Ryan (vgl. Deci/ Ryan 1993, S. 229f) werden drei kulturübergreifende und permanente Grundbedürfnisse thematisiert, welche die Selbstbestimmung des Menschen positiv beeinflussen. Durch Erfüllung dieser werden Motivation, eine effektive Arbeitsweise und langfristig psychische Gesundheit gefördert. Diese Grundbedürfnisse sind Kompetenzerleben, Erleben sozialer Eingebundenheit und Autonomieerleben. Je stärker diese Faktoren berücksichtigt werden, umso motivierender wirkt eine Arbeitsaufgabe (vgl. Rausch/ Schley 2015, S.10).

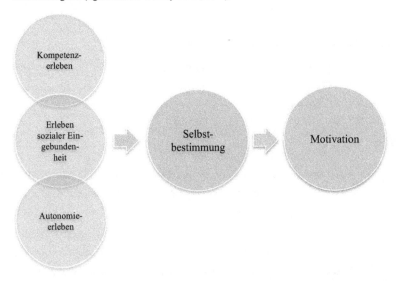

Abb 9.1 Selbstbestimmungstheorie nach Decy & Ryan (eigene Darstellung)

Das erste psychologische Grundbedürfnis basiert auf einem **Kompetenzerleben**, welches die Erfahrung der eigenen Wirksamkeit in Interaktion mit der Umwelt beschreibt. Dies äußert sich *„im natürlichen Bestreben des Individuums, sich als handlungsfähig zu erleben"* (Krapp 2005, S.635). In diesem Bedürfnis ist das Individuum bestrebt, den Aufgaben und Problemen in Interaktion mit der Umwelt aus eigener Kraft gewachsen zu sein und somit das Gefühl von Selbstwirksamkeit zu entwickeln. Dabei steht der Begriff Kompetenz für das Gefühl von Selbstsicherheit und Handlungswirksamkeit (vgl. Deci/ Ryan 2004, S.7).

Kompetenzerleben am Arbeitsplatz kann durch eine passende Gestaltung der Arbeitsaufgaben generiert werden. Die Balance von Herausforderung und Überforderung am Arbeitsplatz ist maßgeblich für die Erfüllung des ersten Grundbedürfnisses der Selbstbestimmungstheorie (vgl. Rausch/ Schley 2015, S.11). Zunächst sollte der Grad der Herausforderung beachtet werden. Arbeitsaufgaben sollten dem Kompetenzniveau des Mitarbeiters angepasst sein und dürfen weder unter- noch überfordernd wirken. Durch Entwicklung einer Problemlösestrategie durch den Mitarbeiter wird es ihm ermöglicht, die individuelle berufliche Handlungsfähigkeit zu verbessern und somit eine erfolgreiche Handlungsstrategie weiterzuentwickeln (vgl. Dehnbostel 2008, S.6). Somit kann der Mitarbeiter durch Problemlösung seine Wirksamkeit im betrieblichen Kontext darstellen. Dadurch wird das Grundbedürfnis des Kompetenzerlebens befriedigt und die motivationale Komponente der Arbeitskraft gestärkt (vgl. Rausch/ Schley 2015, S. 11).

Zum zweiten ist das **Erleben sozialer Eingebundenheit** zu nennen. Die wahrgenommene Zugehörigkeit, Akzeptanz und Anerkennung durch andere Individuen in einer sicheren Gemeinschaft erfüllt dieses psychologische Grundbedürfnis und steigert Selbstbestimmung und Motivation (vgl. Deci/ Ryan 2004, S.7). Diesbezüglich ist es die Aufgabe des Arbeitgebers, im Hinblick auf die Aufgabengestaltung Räume für Interaktion zu schaffen und somit Kommunikations-, Kooperations- und Kollaborationsmöglichkeiten am Arbeitsplatz zu fördern (vgl. Deci/ Ryan 2004, S.7). Soziale Unterstützung und kollegiale Anregungen können Hilfestellungen generieren und fördern die Gemeinschaftlichkeit im Team (vgl. Dehnbostel 2008, S.6). Durch die Kollektivität wird es dem Mitarbeiter ermöglicht, die Zugehörigkeit zu einer Gruppe zu erleben (vgl. Rausch/ Schley, S. 10).

Das **Autonomieerleben,** als drittes psychologisches Grundbedürfnis, beschreibt das Bestreben des Menschen, eigene Interessen und Werte als Basis des eigenen Handelns zugrunde zu legen und sich somit als *„eigenständiges Handlungszentrum"* (Krapp 2005, S.635) wahrzunehmen. Es beschreibt nicht das Bedürfnis nach totaler Unabhängigkeit, sondern eher das Einfordern von Spielraum, Wahlmöglichkeit und Handlungsfreiheit, um anstehende Aufgaben bewältigen zu können. In diesem Zusammenhang wird der Theorie nach von *„relativer Autonomie"* (Rausch/ Schley, 2015, S. 10) gesprochen.

Ohne Autonomieerleben kann kein Kompetenzerleben generiert werden. (vgl. Krapp 2005, S.635). Stellt man das Grundbedürfnis des Autonomieerlebens am Arbeitsplatz in den Vordergrund, ist es wichtig, dem Mitarbeiter die nötigen Freiräume und Handlungsspielräume zu ermöglichen und Transparenz in den Arbeitsaufgaben zu generieren (vgl. Krapp 2005, S.635). Durch einen hohen Freiheits- und Entscheidungsgrad wird es dem Mitarbeiter ermöglicht, selbstgesteuert zu agieren (vgl. Dehnbostel 2008, S.6). Hinsichtlich Zielbildung, Planung, Entscheidung und Kontrolle der Handlungsabläufe und Zeitelastizität sollten angemessene Freiräume vom Arbeitgeber kreiert werden. Störungsfaktoren, wie defekte Arbeitsmittel oder Fremdeingriffe in den Planungsverlauf, gilt es zu vermeiden.

Im Hinblick auf das Autonomieerleben ist auch der Faktor Bedeutsamkeit der Arbeitsaufgabe zentral. Diesbezüglich lassen Arbeitsaufgaben *„im Idealfall den individuellen, organisatorischen und/oder gesellschaftlichen Nutzen der Arbeitstätigkeit erkennen"* (Rausch/ Schley 2015, S.11). Motivierend wirkt, im Zuge dessen, eine Vollständigkeit der Aufgabe, welche alle Arbeitsschritte Überblicken lässt und somit die Praxisorientierung der Tätigkeit offenbar generiert (vgl. Dehnbostel 2008, S. 6). Durch Praxisgebundenheit und Bedeutsamkeit der Arbeitsaufgabe wird das Interesse des Mitarbeiters an der Tätigkeit gesteigert, was intrinsische Motivation und Autonomieerleben schaffen kann (vgl Kapitel 2.1 & 2.3). Diese Faktoren sprechen vor allem das menschliche psychologische Grundbedürfnis des Autonomieerlebens an, weil sich das Individuum als *„eigenständiges Handlungszentrum"* (Krapp 2005, S.635) begreifen kann.

Chancen und Grenzen der Selbstbestimmungstheorie am Arbeitsplatz

Durch die psychologischen Dimensionen der Selbstbestimmungstheorie werden verschiedene Bedeutungszusammenhänge ersichtlich. Die Theorie gibt Aufschluss darüber *„warum bestimmte Handlungsziele motivierend sind"* (Deci/ Ryan 1993, S. 229). In Anbetracht der psychologischen Grundbedürfnisse ist es möglich, die Intentionsbildung von Menschen zu verstehen, zu erklären und zu nutzen. Durch eine bestimmte Gestaltung der Arbeitsaufgaben und des Arbeitsumfelds am Arbeitsplatz kann intrinsische Motivation durch selbstbestimmungsgenerierende Faktoren unter Berücksichtigen bestimmter psychologischer Grundbedürfnisse optimal geschaffen werden (vgl. Rausch/ Schley 2015, S. 10).

Jedoch ist die Verfolgung der Handlungsziele, welche die Befriedigung der psychologischen Grundbedürfnisse ermöglichen, oft implizit und unbewusst. Die Handlung wird eher vom Gefühl der Freude an der Tätigkeit, welche durch die einhergehende intrinsische Motivation und somit dem Faktor der Selbstbestimmung ausgelöst wird, geleitet. Folglich dient die Handlung meist nicht bewusst der Bedürfnisbefriedigung, sondern dem eigenen Interesse und dem Spaß an der Tätigkeit selbst (vgl. Deci/ Ryan 2000, S.230).

2.4 Empirie: Motivation und Produktivität

Durch einen hohen intrinsischen motivationalen Faktor im Betrieb steigt die Arbeitsmotivation und somit das Humankapital. Dadurch erhöhen sich Produktivität der Mitarbeiter und die Unternehmensleistung. Dieser empirische Befund wurde in zahlreichen Studien nachgewiesen:

Innerhalb der sogenannten Hawthrone-Studie (1932) konnte der Einfluss von sozialen Faktoren zur Leistungserbringung am Arbeitsplatz erstmals nachgewiesen werden. Soziale Beziehungen, die Art der Kommunikation und der Führungsstil sind demnach einflussreiche motivationale Faktoren die sich leistungssteigernd oder leistungsmindernd auf den Mitarbeiter auswirken. Hierbei begründet sich der Anfang der „Human-Relations-Bewegung", welche den Arbeitsplatz als soziales System begreift von welchem Mitarbeiter motivational beeinflusst werden (vgl. Linz 2017, o.S.)

Eine Studie basierend auf dem Faktor Selbstbestimmung am Arbeitsplatz im Hinblick auf die Leistung der Mitarbeiter mit mehr als 40.000 Probanden stellt eine kausale Beziehung zwischen Zielen und Leistung her. Die zentralen Variablen beruhen auf den motivationalen Faktor der persönlichen Bedeutsamkeit des Arbeitsziels für den Mitarbeiter, der Aufgabenherausforderung, der Qualität des konstruktiven Feedbacks und dem Aspekt der Selbstwirksamkeit am Arbeitsplatz. Hierbei konnte der Effekt des Zusammenhangs von motivationalen Strukturen eng angelehnt an der Selbstbestimmungstheorie und einem Leistungszuwachs der Mitarbeiter nachgewiesen werden (vgl. Miebach 2017, S.70ff).

Eine Untersuchung in der Automobilbranche kam zu den Ergebnissen, dass Arbeitsmotivation basierend auf den Faktoren von Bedeutsamkeit der Arbeitsaufgaben und Wertschätzung einen (hoch)signifikanten Effekt auf die Reduktion der Fehlzeiten der Mitarbeiter hat. Somit ist eine höhere Leistungsfähigkeit durch die intrinsische Motivation der Mitarbeiter bestätigt (vgl. Eller 2014, S. 144ff).

3 Motivationale Bedürfnisse in betrieblichen Strukturen

Bei der Umsetzung von motivationsförderlichen Maßnahmen am Arbeitsplatz müssen auch betriebliche Strukturen betrachtet werden. Im Folgenden wird die Thematik unter empirischen und wirtschaftlichen Gesichtspunkten beleuchtet, um ein idealtypisches realistisches Bild eines motivierenden Arbeitsplatzes zu zeichnen.

3.1 Im Spannungsfeld von Individuum und Betrieb

Im vorausgegangenen Kapitel 2 der Theorien und Umsetzungsempfehlungen am Arbeitsplatz wird von idealen flexiblen betrieblichen Rahmenbedingungen ausgegangen. Diese sind jedoch in der Handlungspraxis nicht dauerhaft erfüllbar. Durch diese Diskrepanz ist die Herstellung motivationaler Strukturen in einer betrieblichen Organisation *„stets mit Spannungen und Widersprüchen verbunden"* (Dehnbostel 2008, S.6).

In der Umsetzung können individuelle Bedürfnisse mit betriebswirtschaftlichen Kriterien kollidieren. Arbeitsorganisationen unterstehen meist branchentypischen Erfordernissen, welche durch makroökonomische Rahmenbedingungen beeinflusst sind. Auch im Hinblick auf unternehmenskulturelle Einflüsse können gesellschaftliche Überzeugungen - betreffend des Zusammenhangs von Mitarbeitermotivation und Arbeitsproduktivität - konservativen Einfluss nehmen. Es ist die Aufgabe des Unternehmens, aktiv motivationale Strukturen im Betrieb bereitzustellen, um den psychologischen Bedürfnissen der Mitarbeiter gerecht zu werden, um somit eine steigende Produktivität zu erreichen.

Unternehmenskultur

Die Unternehmenskultur definiert die gemeinsamen Wertvorstellungen, Denkmuster und somit das Leitbild einer Organisation. Deshalb gilt sie als Orientierungsmuster für die Mitarbeiter. Um ein intrinsisch motivierendes Arbeitsumfeld zu schaffen ist es somit von hoher Bedeutung eine bedürfnisorientierte Personalpolitik auf unternehmenskultureller Ebene zu etablieren und zu praktizieren.

Eine entsprechende Unternehmenskultur umfasst sowohl Unternehmens- als auch Mitarbeiterprinzipien und ist somit langfristig flexibel an die psychologischen und physiologischen Bedürfnisse der Mitarbeiter anpassbar, um die Sinngebung der Arbeit zu stärken, welche eine treibende Kraft des Betriebs darstellt. Unternehmenskulturen sind in vielen Betrieben jedoch noch zu traditionell und zu statisch um die hohe erforderliche Flexibilität zu ermöglichen. Daher benötigen Betriebe eine Führung mit kulturprägenden Fähigkeiten und entsprechender Überzeugungs- und Umsetzungskraft.

Führungsstil

Auch der in der Organisation vorherrschende Führungsstil kann ein Erfolgsfaktor für die Bereitstellung motivationaler Strukturen sein. Hierbei ist ein kooperativer Führungsstil von Vorteil, da dieser sich durch den Einbezug der Mitarbeiter in den Entscheidungsprozess charakterisiert. Dadurch steigt die Mitarbeitermotivation, was einen Anstieg von Qualität und Originalität der Arbeitskraft zur Folge hat. Durch ein gemeinschaftliches Festlegen von Aufgaben, Kompetenzen und Verantwortungs-bereichen wird dem Mitarbeiter ein hohes Maß an Selbstbestimmung und somit Motivation ermöglicht. Jedoch setzt dieser Führungsstil leistungsstarke Mitarbeiter voraus, die über Kommunikations-, Kooperations- und Teamfähigkeit verfügen.

In Ausnahme- und Extremsituationen kann es von wirtschaftlichem Vorteil für das Unternehmen sein, Handlungsspielraum und Flexibilität durch einen autoritären Führungsstil einzuschränken und somit kurzfristige Unternehmensziele zu Lasten von individuellen Bedürfnissen und Mitarbeitermotivation in den Vordergrund zu stellen. Jedoch besteht auf lange Sicht die Gefahr, dass die Mitarbeiter durch den autoritären Führungsstil demotiviert werden und sich nicht mehr mit dem Unternehmen identifizieren können. Daher benötigen Betriebe eine Führung mit entsprechender emotionaler Kompetenz, welche den Führungsstil situativ angemessen anpassen kann.

Erfolgsinstrument Kommunikation

Kommunikation gilt als bedeutendes Instrument der Personalführung und sollte dementsprechend regelmäßig initiiert werden. Die Komponente der Kommunikation im Hinblick auf Mitarbeiter und Unternehmen ist beidseitig von hoher Bedeutung für die Motivation der Mitartbieter.

Als beliebtes Kommunikationsinstrument vom Mitarbeiter zum Unternehmen gilt das Mitarbeitergespräch. Ziel eines guten Mitarbeitergesprächs sollte eine Stärken- und Schwächenreflexion sein, in dessen Folge der Mitarbeiter Arbeitszufriedenheit und Verbesserungsvorschläge in den Mittelpunkt stellen kann. Oft ergeben sich hier Ansatzpunkte für die betriebliche Anpassung an die psychologischen Grundbedürfnisse der Mitarbeiter. Vertrauen, Offenheit und Glaubwürdigkeit sind wichtige Erfolgsfaktoren eines Mitarbeitergesprächs. Ziel kann hierbei die Förderung von Zufriedenheit, Leistungsbereitschaft und Motivation der Mitarbeiter sein.

Aber auch die transparente Kommunikation von Unternehmensseite zu den Mitarbeitern ist notwendig, um in Krisensituationen den fehlenden Fokus auf motivationale Strukturen zu rechtfertigen. Somit kann eine betriebliche Organisation demotivierende Phasen kurzfristig überstehen, ohne die Identifikation der Mitarbeiter mit dem Betrieb zu verlieren.

3.2 Der ideal intrinsisch motivierende Arbeitsplatz

Im Folgenden soll als Arbeitsergebnis eine Darstellung der Idealbedingungen eines motivationalen Unternehmens anhand aller vorangegangenen Kapitel erfolgen. Zur Unterstützung der Darstellung dient eine Visualisierung (Abb. 16.1) der diskutierten Felder.

Zentral in der Abbildung sind die Faktoren hinsichtlich des Mitarbeiters, des Arbeitsplatzes und des Unternehmens. Durch ineinanderliegende Kreise ist visualisiert, dass der Mitarbeiter innerhalb des Arbeitsplatzes agiert, welcher im Unternehmen zu verorten ist. Strukturübergreifend ist der Faktor der gegenseitigen Kommunikation von Unternehmensleitung bis zum Mitarbeiter zentral.

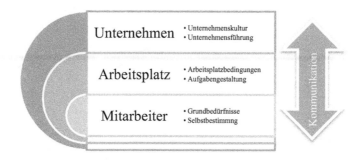

Unternehmen	• Unternehmenskultur • Unternehmensführung
Arbeitsplatz	• Arbeitsplatzbedingungen • Aufgabengestaltung
Mitarbeiter	• Grundbedürfnisse • Selbstbestimmng

Abb 16.1 Motivation in betrieblichen Strukturen (eigene Darstellung)

Der **Mitarbeiter** folgt biogenen und soziogenen Motiven und wird von extrinsischer und intrinsischer Motivation hinsichtlich seiner Zielerreichung geleitet. Ihm wohnen Grundbedürfnisse inne, die seine Motivation bei der Erfüllung fördern. Diese reichen von physiologischen Bedürfnissen wie Essen oder Schlaf über soziale Motive wie Zugehörigkeit, Wertschätzung und Kommunikation, bis hin zum Streben nach Selbstverwirklichung und Selbstbestimmung.

Durch einen motivierend gestalteten **Arbeitsplatz** können viele dieser Bedürfnisse erfüllt werden. Bedürfnisbefriedigende Arbeitsplatzbedingungen in einem sicheren Arbeitsverhältnis, welches Teamarbeit, konstruktives Feedback und Weiterbildungs-möglichkeiten schafft, regen den Mitarbeiter zu Höchstleistungen an. Besonders wenn die Arbeitsaufgaben das Kompetenzerleben, das Erleben sozialer Eingebundenheit und das Gefühl von Autonomieerleben vermitteln, ist der Mitarbeiter motiviert, nach seinem psychologischen Grundbedürfnis Selbstbestimmt zu agieren.

Das **Unternehmen** sollte bestrebt sein, Unternehmenskultur und Unternehmens-führung dementsprechend anzupassen. Durch eine flexible, wertorientierte Unternehmenskultur, welche die Bedürfnisse der Mitarbeiter berücksichtigt, wird der Betrieb auch ökonomisch gestärkt. Eine Unternehmensführung die anhand eines kooperativen Führungsstils agiert und den Mitarbeitern somit Mitspracherecht einräumt, kann das Erleben von Wirksamkeit und Motivation für die Mitarbeiter ermöglichen.

16

Wichtig für die Umsetzung dieser bedürfnisorientierten Maßnahmen ist eine beidseitige **Kommunikation**. Durch Mitarbeitergespräche wird es den Mitarbeitern ermöglicht, motivierende und demotivierende Faktoren des Arbeitsplatzes anzubringen, worauf die Unternehmensleitung reagieren kann. Diese ist jedoch auch in der Pflicht, transparent zu kommunizieren, welche Maßnahmen hinsichtlich der aktuellen Betriebssituation umsetzbar sind.

4 Fazit und Ausblick

Im Hinblick auf die Fragestellung der Einleitung: **„Was gilt es im Hinblick auf die intrinsisch-motivationale Gestaltung am Arbeitsplatz zu berücksichtigen, um ein hohes Leistungsniveau der Mitarbeiter zu generieren?"** können nun eine Reihe von Handlungsempfehlungen gegeben werden.

Wichtig ist es, die menschlichen Grundbedürfnisse der Mitarbeiter am Arbeitsplatz zu berücksichtigen, um eine Arbeitsatmosphäre zu kreieren, in der es den Mitarbeitern ermöglicht wird, möglichst selbstbestimmt zu handeln. Es gilt nicht nur entsprechende Rahmenbedingungen zu schaffen, sondern auch, aktiv im Tagesgeschäft bedürfnisorientiert zu agieren. Durch ein angemessenes Maß an Kommunikation können Mitarbeiterbedürfnisse regelmäßig erörtert werden. Diesbezüglich sollten Unternehmenskultur und der Führungsstil flexibel und offen gelebt werden. Ein positiver Effekt dieser Faktoren auf Leistung und Produktivität der Mitarbeiter konnte empirisch nachgewiesen werden.

Anhand dieser Erkenntnisse wird die Notwendigkeit deutlich, Führungskräfte für eine motivationale Arbeitsplatzgestaltung und entsprechendes Führungsverhalten zu sensibilisieren. Dementsprechend sollte die Thematik „motivationsförderliche Arbeitsplatzgestaltung" in Führungskompetenzseminaren ausführlich behandelt werden, damit (künftige) Führungskräfte die Möglichkeit haben eine Handlungswirksamkeit zu entwickeln, Mitarbeiter intrinsisch zu motivieren, ihre Produktivität zu steigern und somit nachhaltiges Personalmanagement und steigenden Outcome des Betriebs zu verbinden.

Weiterführend ist es zudem lohnenswert, extrinsische Faktoren der motivationalen Arbeitsplatzstrukturen zu berücksichtigen. Diesbezüglich kann auch eine Theorie von Deci & Ryan herangezogen werden (vgl. Deci/ Ryan 1993, S.226ff). Diese beschreibt verschiedene Stufen und somit Einflussebenen auf das Individuum extrinsischer Motivation. Auch im Hinblick auf den Ausbildungserfolg am Lernort Arbeitsplatz spielt Motivation eine zentrale Rolle. Hier liegt der Fokus auf der Lernförderlichkeit von Arbeitsaufgaben und Arbeitsatmosphäre (vgl. Dehnbostel 2008, S. 5ff).

Quellenverzeichnis

Literaturverzeichnis

Bullinger H.-J. (1996): Erfolgsfaktor Mitarbeiter: Motivation – Kreativität – Innovation. Stuttgart.

Comelli, G., Rosenstiel, L. V., Nerdinger, F.W. (2009): Führung durch Motivation: Mitarbeiter für Unternehmensziele gewinnen. München.

Deci, E. L./ Ryan, R. M. (1993): Die Selbstbestimmungstheorie der Motivation und Ihre Bedeutung fuer die Paedagogik. In: Zeitschrift für Pädagogik, 39 (1993) 2, S. 223 – 238.

Deci E.L./ Ryan R.M. (2000): The „What" and „Why" of Goal Pursuits: Human Needs and the Self-Determination of Behavior. In: Psychological Inquiry, 11 (4), S. 227-2

Deci E.L./ Ryan R.M. (2004): Handbook of self-determination research. Rochester, NY.

Dehnbostel, P./ Elsholz, U. (2007): Lern- und kompetenzförderliche Arbeitsgestaltung. Chancen für die betriebliche Weiterbildung? In Dehnbostel, P./ Elsholz, U./ Gillen, J. (Hrsg.): Kompetenzerwerb in der Arbeit: Perspektiven arbeitnehmerorientierter Weiterbildung. Berlin, S. 35-48.

Dehnbostel, P. (2008): Lern- und kompetenzförderliche Arbeitsgestaltung. In BWP (2), Bonn, S. 5-8.

Eller, E. (2014): Arbeitszufriedenheit, Motivation und Leistung: Eine empirische Studie in einem großen, deutschen Automobilunternehmen. Diss. Universität Paderborn.

Krapp, A. (2005): Das Konzept der grundlegenden psychologischen Bedürfnisse, Ein Erklärungsansatz für die positiven Effekte von Wohlbefinden und intrinsischer Motivation im Lehr-Lerngeschehen. In: Zeitschrift für Pädagogik 51 (2005) 5, S. 626-641.

Maslow, A. (1954): Motivation and personality. New York.

Miebach B. (2017): Handbuch Human Resource Management. Wiesbaden.

Offe, H./ Stadler, M. (Hrsg.) (1980): Arbeitsmotivation. Entwicklung der Motivation zu produktiver Tätigkeit. Darmstadt.

Puca, R. (2014): Motiv. In Wirtz, M. A. (Hrsg.): Dorsch – Lexikon der Psychologie. Bern.

Rausch, A./ Schley, T. (2015): Lern- und Motivationspotenziale von Arbeitsaufgaben als Qualitätsmerkmale des Lernorts Arbeitsplatz. In BWP (1), Bonn, S. 10 – 13.

Rudolph, U. (2013): Motivationspsychologie kompakt. Weinheim Basel.

Schlicht, J. (2014): Wie können Lernerfolge sichtbar gemacht werden und was sind sie wert? In BWP (3), Bonn, S. 48-51.

http://arbeitsblaetter.stangl-taller.at/MOTIVATION/Beduerfnis-Pyramide-Maslow.shtml, Stand 12.10.2017

http://www.haygroup.com/downloads/de/Mitarbeiter_sind_kauflich_Ihre_Motivation_nicht.pdf , Stand 12.10.2017

http://lexikon.stangl.eu/337/motivation/ , Stand: 12.10.2017

http://lexikon.stangl.eu/1965/hawthorne-effekt/ , Stand 12.10.2017

Abbildungsverzeichnis

CPSIA information can be obtained
at www.ICGtesting.com
Printed in the USA
BVHW080911061218
534935BV00002B/305/P

9 783668 559202